SOUVENIR

DE

La Fête Patriotique

DU 24 MAI 1891

A SAINT-SYMPHORIEN-SUR-COISE

— RHÔNE —

LYON

ALEXANDRE REY, IMPRIMEUR

4, RUE GENTIL, 4

—

1892

SOUVENIR

DE

La Fête Patriotique

DU 24 MAI 1891

A SAINT-SYMPHORIEN-SUR-COISE

— RHÔNE —

LYON

ALEXANDRE REY, IMPRIMEUR

4, RUE GENTIL, 4

—

1892

Un grand nombre de nos camarades ont manifesté le désir qu'il restât quelque trace de la belle fête patriotique à laquelle ils ont pris part en 1891.

C'est pour répondre à ce vœu que votre Commission a réuni les éléments de la présente brochure.

Parue et distribuée au jour anniversaire de celui qui nous réunissait l'an dernier, elle rappellera à tous les combattants de 1870, du canton de Saint-Symphorien-sur-Coise, la journée pleine de patriotiques regrets et de mâles espérances du 24 mai 1891.

Saint-Symphorien-sur-Coise, le 24 mai 1892.

LA COMMISSION.

SOUVENIR

DE

La Fête Patriotique

DU 24 MAI 1891

I

Vers le commencement de l'année 1890, un souffle puissant de patriotisme parcourut et remua la France : de toutes parts, mais surtout dans les régions qui avoisinent nos frontières de l'est, des réunions, des solennités s'organisèrent pour rendre un public hommage à nos soldats tombés au champ d'honneur.

La fête locale dont nous allons donner le récit eut pour point de départ le désir manifesté par quelques gardes-mobiles de Saint-Symphorien-sur-Coise de célébrer entre eux le vingtième anniversaire de leur sortie de Belfort. A peine connue, cette proposition rencontra et provoqua des adhésions si nombreuses que, pour n'exclure et ne froisser personne, il fut décidé que tous les anciens combattants de 1870-1871 appartenant à notre canton pourraient y prendre part.

Une réunion préparatoire, composée des délégués de toutes les communes, fixa au 24 mai la célébration de cette solennité, après avoir acclamé les nominations suivantes :

Président d'honneur :

M. Frank de Jerphanion, ex-lieutenant de la 7ᵉ compagnie, 1ᵉʳ bataillon, du 65ᵐᵉ régiment de marche, et actuellement chef de bataillon au 110ᵉ régiment territorial d'infanterie.

Président :

M. le Dʳ Beaujolin, ex-major des mobiles du Rhône, à Belfort.

Vice-Présidents :

M. Coullard-Descos, ex-sous-lieutenant de la 7ᵉ compagnie, 1ᵉʳ bataillon, du 65ᵉ régiment de marche, actuellement lieutenant de réserve du service d'Etat-Major.

M. Anier, ex-sergent-major au 73ᵉ de ligne, vétérinaire militaire territorial.

Secrétaires :

M. Grange (Pierre) ;
M. Villard (Joseph), ex-sergent-fourrier ;

Trésoriers :

M. Mauvernay (Claude) ;
M. Chanava (Jean).

MM. Véricel (Jean), Badoil (François) et Grange (Benoît), membres du comité provisoire, furent également désignés pour faire partie du bureau définitif.

Tout concourut au succès de notre fête ; le temps lui-même, qui était froid et pluvieux la veille, voulut bien prêter à notre réunion le charme et l'attrait d'une belle journée.

Dès l'aube, les habitants étaient réveillés par des salves d'artillerie, écho bien affaibli de la furieuse canonnade du siège commémoré. Et bientôt de tous côtés, par toutes les routes, accouraient non seulement les membres de la réunion mais encore de nombreux parents, amis et curieux attirés par le caractère patriotique de cette solennité.

Ce jour-là, grâce au patronage de la municipalité, la ville de Saint-Symphorien est magnifiquement décorée : des oriflammes aux couleurs nationales flottent au sommet des mâts qui ornent l'arrivée des principales routes et l'enceinte de la place ; dans les rues, les maisons sont pavoisées, et des guirlandes de verdure et de fleurs se balancent au-dessus de la tête des passants. La mairie est parée de trophées, de drapeaux et d'inscriptions rappelant les principaux épisodes de la guerre franco-allemande. C'est dans cette salle, au milieu de ces souvenirs lointains évoqués, que se rencontrent tous nos invités, dont plusieurs ont depuis vingt ans quitté le pays.

Aussi l'entrevue est-elle particulièrement cordiale et touchante ; ce sont partout de joyeuses exclamations ; ce sont des mains qui se tendent et s'étreignent ; c'est sur tous les visages le bonheur de se revoir et de se retrouver unis dans une pensée commune, le culte de la patrie. Et pour bien affirmer cette communauté de sentiments, des insignes modestes, un simple nœud tricolore, sont attachés à nos boutonnières.

Mais déjà les cloches, sonnant à toutes volées, annoncent l'heure d'une messe célébrée pour ceux de nos camarades qui sont morts pendant et depuis l'année 1870. Sous la direction de M. Clément qui a bien voulu se charger de cette mission et qui s'en est acquitté à la satisfaction de tous, le cortège se forme, musique et pompiers en tête, et se dirige vers l'église ; dont les vastes nefs sont pleines de fidèles. Après l'évangile, M. l'abbé Regnier, archiprêtre de la paroisse, prononce l'allocution suivante :

« *Sancta et salubris est cogitatio pro defunctis exorare ut a peccatis solvantur :* C'est une sainte et salutaire pensée de prier pour les morts, afin qu'ils soient délivrés de leurs péchés 2 Machab. XII, 46.

« Lorsque, dans un combat sanglant, Judas Machabée eut mis en déroute les troupes de Gorgias, il s'occupa de donner une sépulture honorable à ceux de ses soldats qui étaient morts pour la défense de la religion et de la patrie ; et, non content de prier pour eux avec tous les survivants, il envoya à Jérusalem douze mille drachmes d'argent et fit offrir un sacrifice solennel pour le soulagement et la délivrance de leurs âmes.

« Au récit de ce fait mémorable, l'auteur inspiré du livre des Machabées ajoute cette réflexion bien digne de remarque : « C'est une sainte et salutaire pensée de prier pour les morts « afin qu'ils soient délivrés de leurs péchés : *Sancta et salubris* « *est cogitatio pro defunctis exorare, ut a peccatis solvantur.* »

« Cette pensée a été la vôtre, Messieurs ; et, après avoir imité dans l'héroïque défense de Belfort et dans tous les combats auxquels il vous a été donné de participer, après avoir imité, dis-je, l'intrépidité de ce grand capitaine des temps anciens, comme lui, vous vous êtes souvenus de vos compagnons d'armes, tombés glorieusement à vos côtés et vous avez voulu que, dans cette fête commémorative, votre première et principale pensée fût pour eux. Ah ! sans doute, vous n'aviez pas attendu jusqu'à ce jour pour remplir ce devoir de fraternité chrétienne, mais voulant le remplir d'une manière plus solennelle et plus efficace, vous avez appelé à vous les survivants de cette époque terrible, heureux de fraterniser de nouveau avec eux, et, dans un élan de foi et de piété, vous les avez engagés à s'unir dans une prière commune et à implorer ensemble le Dieu des miséricordes en faveur de ceux de vos frères qui ont payé de leur vie leur dévouement à la patrie.

« Honneur à vous, Messieurs, honneur à vous ! C'est par de tels exemples qu'on relève sa patrie, qu'on travaille efficacement à sa prospérité et à sa grandeur. C'est par de tels exemples qu'on entretient et qu'on ravive la flamme du vrai patriotisme. Aussi, sommes-nous heureux de saluer en vous les combattants du canton de Saint-Symphorien-sur-Coise qui, en 1870, ont fait leur devoir et tout leur devoir en face de l'ennemi. C'est avec un égal bonheur que nous saluons ces hommes éminents qui sont venus se joindre à vous dans ce vingtième anniversaire et vous donner, par leur présence au milieu de vous, les marques de la plus vive et de la plus flatteuse sympathie.

« Et comment nous-mêmes ne sympathiserions-nous pas avec vous! Laissez-moi vous le dire sans forfanterie, nous aussi, prêtres de Jésus-Christ, nous aimons notre patrie. N'est-elle pas après tout la famille agrandie, développée? N'avons-nous pas puisé, dans les exemples et les leçons de Jésus-Christ, les motifs du plus ardent patriotisme? Et comment n'aimerions-nous pas notre patrie, quand cette patrie est la France?

« Oui, nous aimons notre patrie, car nous aimons le sol qui nous a vus naître, ce sol fortuné qu'on ne quitte jamais qu'à regret et qu'on revoit toujours avec un nouveau bonheur au retour.

« Nous aimons notre patrie, car nous aimons le sang qui coule dans nos veines, ce sang de la race française qui ne ressemble point à celui de nos voisins et qui nous distingue d'eux par une générosité en quelque sorte chevaleresque .

« Nous aimons notre patrie, car nous aimons son génie national, ce double génie de l'épée et de l'apostolat. Il est vrai que son génie de soldat semble s'être éclipsé devant les caprices de la fortune et son génie d'apôtre devant les triom-phes de l'impiété, mais ce double génie revivra, soyez-en sûrs, et il fera de la France ce qu'il en a fait pendant des siècles, l'apôtre de la gloire guerrière et l'apôtre de la vérité.

« Nous aimons notre patrie, car nous aimons surtout le Dieu de notre pays, le Dieu de Clovis, de Charlemagne, de saint Louis, le Christ-Jésus protecteur de la France, qui a toujours présidé à ses destinées et qu'on ne saurait supprimer impunément. Avec lui la France a été unie, respectée, prépondérante : sans lui elle est divisée, humiliée, sans espérance.

« En priant pour vos morts, priez aussi pour la France, c'est le premier devoir du patriotisme chrétien. Priez pour la France : qu'elle reste toujours la nation très chrétienne, où se perpétuent les traditions de foi, de piété et de dévouement au Christ-Jésus.

« Faites revivre sur son sol mutilé ces vertus qui en ont fait la prospérité et la gloire, et les vaincus d'hier seront les vainqueurs de demain, et la France purifiée par le sang et le malheur se relèvera de ses ruines et reprendra le rang privilégié qui lui convient parmi les nations. »

Ces paroles pleines d'à-propos, cette cérémonie religieuse, remplissent nos âmes d'une profonde émotion. Au milieu de cette assemblée grave et recueillie, dans le silence imposant de ce temple, nos pensées se reportent sans peine aux jours de l'année terrible. Plusieurs d'entre nous se rappellent que, à cette même place, ils sont venus s'agenouiller, il y a plus de vingt ans, la veille de leur départ pour l'armée, accompagnés de leurs pères et de leurs mères qui, au moment de donner, de sacrifier leurs enfants à la patrie, n'avaient pas voulu les laisser partir sans les recommander, sans les confier à Dieu! Et les larmes nous venaient aux yeux, à nous pères de famille, en songeant que dans quelques années, dans quelques mois peut-être, nous devrions, nous aussi, mettre sous la garde de la Providence nos fils appelés à leur tour par le plus sacré des devoirs, la défense du pays.

II

La messe terminée, nous retournons à la mairie et de là, nous nous remettons en marche dans l'ordre suivant pour le cimetière, où va être déposée une magnifique couronne d'immortelles portant cette inscription : « A leurs camarades morts en 1870-71, les combattants du canton de Saint-Symphorien-sur-Coise. » Viennent d'abord les clairons et les tambours recouverts de crêpe; puis, entre les pompiers l'arme au bras et faisant la haie, la fanfare de la ville, conduite par son vice-président M. Billard, ensuite la couronne portée par M. Lacroix, ex-sapeur au 73e de ligne, décoré de la médaille militaire et retraité pour blessures reçues à Gravelotte; enfin les deux cents membres de la fête, formant sur quatre rangs une longue colonne, au milieu de laquelle flotte le drapeau tricolore, porté par M. Grange Benoît. Les sons voilés des tambours alternent avec les airs funèbres joués par notre excellente fanfare.

A travers les rues de Saint-Symphorien, le défilé s'exécute dans un ordre parfait, entre deux haies compactes de spectateurs qui, touchés par ce spectacle imposant, se découvrent respectueusement à notre passage.

A notre arrivée, le cimetière est déjà envahi par une foule nombreuse. Nous nous massons autour de la croix monumentale qui se dresse au centre de l'enceinte, et sur laquelle est déposée la couronne commémorative. C'est au milieu d'un religieux silence et du recueillement de tous que M. le Dr Beaujolin, se plaçant sur les marches de la croix, prononce d'une voix émue les éloquentes pages qui suivent :

Messieurs et chers Camarades,

« Nous pourrions prendre aujourd'hui pour la devise de notre fête patriotique ces mots : Souvenir et espérance.

« C'est en associant ces deux idées que nous avons gravi le chemin qui conduit au champ des morts.

« Et, au pied de la croix commune, nous venons déposer une couronne d'immortelles, symbole de notre hommage à la mémoire de nos compagnons d'armes tombés au champ d'honneur.

« Vingt ans déjà nous séparent de l'année terrible. Mais ces scènes de lutte, ces heures d'angoisse datent d'hier seulement dans nos cœurs de patriotes et de Français.

« Non ! nous ne vous avons pas oubliées, victimes du devoir, immolées à la défense de la Patrie. Et vous avez voulu, chers camarades, qu'on redise encore leurs noms.

« Suivant votre vœu, je viens simplement faire le dernier appel de nos morts.

« Commençons par Aveize cette liste funèbre (1) :

Dans l'armée de l'Est :

Chabrot (Pierre-Marie) et Marinier (Jean-Claude).

A Nuits :

Guillot (Joseph) et les deux Gubian.

A Belfort :

Mathelin (Jean-Benoît).

A LA CHAPELLE

A Belfort : Grange (Étienne).

A Nuits : Frenay (Benoît).

Je suis heureux de saluer ici un engagé volontaire.

(1) Listes mortuaires établies d'après les documents fournis par les mairies.

Un vieux soldat, GONON (Antoine-Marie), s'est enrôlé dès le début de la guerre dans une compagnie franche ; et au fond des Vosges, dans un combat d'avant-garde, il est tombé avec honneur pour la défense de la Patrie.

A GRÉZIEUX

Un seul, Jean-Benoît CROZIER, mort au siège de Paris.

Un seulà Grézieux ! et, cruelle ironie du sort ! dans la commune voisine, *à Pomeys*, nous en trouvons sur tous les champs de batailles.

A Metz : RIVOLIER (Antoine).

A Saint-Privat : BONNARD (Antoine). •

A Sédan : FAYOLLE (Louis).

A Nuits : MURIGNEUX (Pierre),

DRIVON (Étienne),

MAZENCIEUX (Jacques),

RIZOUD (Jean-Pierre).

A Belfort ou dans leurs foyers au retour de cette rude campagne :

BAURON (Étienne), tué d'un éclat d'obus,

BISSARDON (Guillaume),

VÉRICEL (Claude),

DUMONT (Jean-Marie),

BAILLY (Joseph),

STARON, et

DURAND (Benoît).

A COISE

JACCOUD (François), mort en captivité à Torgau ;

BLANCHARD (Jean-Claude), tué d'un éclat d'obus dans l'armée de Bourbaki.

A Nuits : MURIGNEUX (Jean-Baptiste),

VÉRICEL (Jean-Antoine).

A Belfort : RIVOLIER (Simon).

A DUERNE

Quatre ! et par un coup du hasard, tous des DÉCLÉRIEUX ! quatre DÉCLÉRIEUX !

> Benoît et Antoine, *à Nuits,*
> Catherin   *à Metz,*
> Jean-Benoît   *à Paris.*

A MEYS

Deux TISSOT, l'un *à Nuits*, l'autre *dans l'armée de l'Est.*

Et la grande commune de SAINT-MARTIN nous arrive avec une longue liste :

> BOSSUT (Jean-Marie), tombé à *Gravelotte.*

Les Légionnaires de Nuits :

FRENAY (Benoît),
THOLLET (Jean-Antoine),
GUINAND (Jean),
JULLIEN (Jean-Benoît),
CARRET (Jean-Antoine).

Les mobiles de Belfort :

RÉGNIER (François),
CHARDON (Jean-Claude),
GRANGE (Fleury),
TISSOT (Pierre),
VILLE,
MOLIN (Jean),
RÉVEIL (André),
RENARD (Jean-Marie).
A Paris : CELLIER (Jean-Marie).

Dans l'armée de l'Est :

MATHELIN (Pierre),
COURBIÈRE (Barthélemy).

Après SAINT-MARTIN, LARAJASSE

Il existe dans cette commune une maison ancienne, depuis des siècles aimée et estimée de tous.

Le père avait trois fils. Mieux que tout autre, à cette époque. il pouvait les exonérer de l'impôt du sang ; mais la guerre éclate, et au premier coup de canon, tous les trois volent à la frontière.

Le plus jeune, Henry de Jerphanion, n'avait que dix-huit ans. Il s'engage dans les zouaves, et, sur le plateau de Wœrth, il se bat comme un lion, mieux que cela, comme un vrai zouave qu'il était.

Mais que peut la valeur contre le nombre ? son bataillon est bientôt décimé, les débris des compagnies viennent se grouper autour d'un lieutenant (1), l'un des rares officiers survivants de cette phalange de héros. Le lieutenant tombe. Les derniers combattants se retirent lentement devant les masses profondes.

Henry de Jerphanion s'élance avec un de ses camarades. Ils veulent emporter leur officier, ils veulent le sauver à tout prix ! Et sous une grêle de balles ils arrivent à force d'énergie à le dégager et à le transporter en arrière du front de bataille.

Mais l'ennemi avance, la fusillade redouble : quelques vieux soldats d'Afrique dans un dernier élan veulent essayer une charge à la baïonnette. Henry de Jerphanion marche avec eux et tombe les deux poignets traversés par une balle (2). Il tomba. Et relevé plus tard sur le champ de bataille il dut subir l'amputation d'un bras, et bientôt, à dix-huit ans, il mourait soldat volontaire, pour la France, notre belle Patrie (3).

(1) Le lieutenant Lafont du 3   zouaves, il survécut à ses blessures.

(2) Récit de M. Taillebois du 3me tirailleurs algériens, blessé lui-même aux cotés d'Henry de Jerphanion.

(3) Son corps, rapporté à Larajasse, fut inhumé dans le tombeau que sa famille possède dans le cimetière de cette commune, au milieu du concours de toute la population accourue pour lui rendre les derniers devoirs.

Voilà le plus jeune, à l'aîné maintenant.

Vous vous souvenez tous, camarades de la garde mobile, du capitaine de la 7ᵉ compagnie du 65ᵉ de marche, de cette compagnie formée tout entière par les enfants du canton.

Vous vous souvenez tous de ce noble cœur, de ce vaillant officier, si soucieux du bien-être de ses hommes, au milieu des privations du siège.

Comme son frère, il n'a pas eu la gloire de tomber sous une balle prussienne, mais c'est à Belfort, c'est au milieu des fatigues de la campagne qu'il a perdu sa santé. C'est au service de la France qu'il a contracté les germes de cette maladie sourde qui, à la fleur de l'âge, va le faucher et l'abattre à son retour dans ses foyers.

Aujourd'hui, mobiles de 1870, je me fais votre interprète, en lui envoyant, après vingt ans, au nom de tous, un dernier hommage et un suprême adieu.

Reste le troisième, le lieutenant dévoué, dont le souvenir sera toujours au fond de vos cœurs, et dont le nom est en ce moment sur vos lèvres.

Grâce au Ciel, celui-là est debout. Aujourd'hui commandant dans l'armée territoriale, il a voulu rester soldat et jusqu'au bout nous donner l'exemple du patriotisme et de l'amour du drapeau.

A *Belfort,* Larajasse a perdu encore neuf de ses enfants :

> JOANNON (Guillaume),
> VACHON (Louis),
> JOANNON (Jean-Marie),
> PERRET (François),
> CHAVASSIEUX (Pierre),
> LAVAL (Jean),
> VERNAY (Jean-Benoît),
> POULAT (Jean-Etienne),
> GRANGE (Louis-Joseph).

> *A Nuits :* MONTMAIN (Jean),
>   MACHIZAUD (Jean),
>   PIÉGAY (Claude).
> *A Paris :* GEAY (Marie-Joseph).
> *En captivité à Torgau :* FLÉCHET (Benoît).
> *Dans l'armée du Mans :* RIVOIRE (Jacques).

Et PRAT, l'amputé de Belfort ! C'est à Larajasse qu'il est né, mais c'est à Saint-Symphorien qu'il est venu finir ses jours.

Nous l'avons tous connu, nous l'avons tous aimé, notre modeste facteur de ville.

Plein de vie et d'espérance, il était parti dans la garde mobile. Et, là-bas, sur cette terre d'Alsace, il a laissé un bras, il a perdu à jamais ses forces et sa santé.

Et croyez-moi, chers camarades, dès ce jour, sa vie n'a plus été qu'une longue souffrance. Je l'ai vu sans faiblesse dans les angoisses de la mort, et je veux, avec un témoignage d'estime, lui envoyer un dernier souvenir.

Prat nous ramène à SAINT-SYMPHORIEN.

A Saint-Symphorien, nous trouvons :

> PUPIER (Denis), tué à Paris,
> VÉRICEL, à Saint-Privas,
> DUMORTIER, disparu à Nuits.

A Nuits ! toujours Nuits ! Ce nom revient sans cesse et résonne comme un glas funèbre !

A Nuits ! c'est là que nos héroïques Légions du Rhône ont trouvé, elles aussi, leur chevauchée de la mort.

C'est dans cette journée sanglante que fut blessé le capitaine Auguste Perret, de la 2me Légion. Porté à l'ordre du jour, décoré de la Légion d'honneur sur le champ de bataille, il devait encore dans les bois d'Héricourt et de Villersexel se distinguer et par son intrépidité et par son sang-froid [1]

. (1) D'après une note remise au Dr Beaujolin, par M. Bouchu, beau-frère du capitaine Perret.

Depuis il est revenu mourir dans sa ville natale, dans ce Saint-Symphorien qu'il avait toujours tant aimé. Nous devons aujourd'hui un dernier hommage à sa mémoire.

Après Nuits, Dijon. Et sur ce nouveau champ de bataille, nous allons voir le colonel Joseph LOSTE tomber glorieusement à la tête de ses soldats.

Vous trouverez le récit de cette mort héroïque dans tous les journaux de l'époque ; dans le *Salut Public* du 26 janvier 1871, dans le *Progrès* de Lyon, dans le *Journal de la Côte-d'Or,* même dans un journal étranger *l'Etoile Belge.*

Vous pourrez suivre sa trace et ses marches aventureuses, vous pourrez lire ses hauts faits dans plusieurs livres de la guerre de 1870, et surtout dans l'histoire de Clément Janin et dans celle du commandant du génie Garnier.

Mieux encore, Loste a eu son historien. M. DORMOY, professeur d'histoire au Collège Colbert à Paris, ancien officier de son régiment, a retracé dans un petit livre à sa mémoire, ses nombreux faits d'arme et sa glorieuse mort.

Laissez-moi, chers camarades, laissez-moi vous rappeler en deux mots, les exploits de ce soldat intrépide et sans peur.

Dès le début de la guerre, Loste était parti à la tête d'une compagnie franche. Il avait brillamment tenu la campagne dans les Vosges, et promptement s'était fait remarquer par son sang-froid et sa fabuleuse hardiesse.

Mais, hélas ! comme tant d'autres, il dut se replier, et c'est à l'armée de Dijon que nous le retrouvons plein d'entrain, d'ardeur et de patriotisme. C'est surtout sur cette nouvelle scène qu'il donna la mesure de son héroïque bravoure.

Le 5 novembre, nous le voyons à *Sombernon*, à la tête de trois bataillons, avec le grade de lieutenant-colonel, livrer aux Allemands un combat acharné. Dès le matin, il enlève une grand'garde prussienne, se porte au-devant du village, et ne se retire que devant des masses dix fois plus nombreuses(1).

(1) Commandant Garnier.

Le 16 décembre à *Saint-Jean-de-Losne*, il lutta toute la journée avec une ténacité et un acharnement incroyables ; puis le soir, prenant brusquement l'offensive et opérant une attaque de flanc, il met en fuite le corps prussien qui bat en retraite, après avoir perdu son chef, le major Gelilling (1).

Mais c'est au combat de *Chanceaux*, le 2 janvier, que Loste s'est couvert de gloire.

En outre de ses bataillons, il avait ce jour-là sous ses ordres le bataillon des éclaireurs de Bissach, la Compagnie des Francs-Tireurs de Vaucluse et celle du Tarn-et-Garonne.

C'est Loste qui a commandé en chef à l'assaut du village occupé par les Allemands. C'est lui qui a emporté la position c'est lui qui, profitant de cet avantage a fait brusquement une marche en avant de 10 kilomètres, enlevant sur sa route tout un convoi de vivres et de munitions, qui allait ravitailler l'armée ennemie (2).

L'affaire eut du retentissement, témoin ce télégramme du délégué à la guerre à l'état-major de Dijon :

« Complimentez le lieutenant-colonel Loste du succès qu'il vient d'obtenir à Chanceaux.

« Pour GAMBETTA, *signé :* DE FREYCINET (3). »

Décoré sur le champ de bataille, nommé colonel d'infanterie, Loste vient à Dijon (4).

Et nous le retrouvons au jour de la grande bataille, le samedi soir 21 janvier, occupant avec son régiment, à Talant, les grandes carrières qui dominent la route de Plombières. A force d'énergie, il se maintient dans ses positions. Et le lendemain 22, l'attaque recommence plus terrible et plus sanglante.

Loste, toujours à la tête de ses soldats, tombe bientôt la poi-

(1) Clément Janin, *Histoire de la guerre de 1870.* Commandant Garnier. Dormoy.
(2) Dormoy. Commandant Garnier.
(3) Archives de la Préfecture de Dijon.
(4) *Progrès de Lyon, Progrès de la Côte-d'Or, Étoile Belge.*

trine traversée par une balle, au moment où il donnait un
ordre au lieutenant Camille Giraud, de Lyon (1).

Il tomba comme un chêne, écrit son historien Dormoy.
Camille Giraud veut le relever. « Embrasse-moi, lui dit-il, je
suis perdu, mais dis à nos hommes de marcher en avant (2) ».

Transporté à l'ambulance de Dijon, il ne tarde pas à suc-
comber, laissant à ses enfants un nom glorieux et à nous, ses
compatriotes, l'exemple d'un grand cœur et d'une grande bravoure (3). Je viens de parler de cœur et de bravoure. Si Joseph
Loste fut un vrai soldat, un chef énergique et habile, c'est
qu'il avait devant lui un noble exemple à suivre.

Il avait un frère qui, sur les champs de bataille de la Crimée,
de l'Italie et du Mexique, lui avait appris le sang-froid, la vail-
lance et le mépris du danger.

Il avait un frère que nous sommes heureux de voir aujour-
d'hui à la tête de notre petite phalange, un frère, chef de
bataillon, dont la poitrine couverte de décorations nous rappelle les magnifiques états de service et les brillantes campagnes,
et dont le souvenir sera toujours pour nous, ses compatriotes,
un sujet de juste admiration et de légitime orgueil.

« La voici close cette liste funèbre. Le voilà terminé cet appel
de nos morts. J'en ai oublié sans doute.

« Mais à tous, à tous nos frères d'armes tués à l'ennemi,
salut ! Salut et regrets !

« A ces regrets, permettez-moi, chers camarades, de joindre
une espérance pour l'avenir, et de vous dire que, sans être des
chauvins, nous sommes tous des patriotes.

« Comme nos pères, nous avons tracé sur notre drapeau ces

---

(1) Dormoy : *Histoire des Francs-Tireurs.* — *Progrès de Lyon, Journal de la Côte-
d'Or, Salut Public.*

(2) Commandant Garnier. Dormoy — *Salut Public* du 26 janvier 1871, *Progrès
du Nord, Progrès de la Côte d'Or, Etoile Belge.*

(3) Le colonel Loste mourut des suites de sa blessure à l'ambulance de l'hôtel
de la Cloche à Dijon. Son corps fut ensuite transporté à Lyon et déposé dans la
cathédrale de Saint-Jean. On lui fit de magnifiques obsèques en présence des autori-
tés civiles et militaires de l'époque.

mots : *Honneur et Patrie*. Et tous, aujourd'hui comme demain, nous sommes encore prêts à faire notre devoir simplement et sans phrase.

« Un dernier vœu cependant, aux jours du danger, aux jours de défense, que les jeunes, que nos fils marchent droit devant eux, haut le cœur, haut le front !

« Et tous, l'arme au bras, nous saurons rester calmes, car aujourd'hui la France est forte et l'avenir est à Dieu. »

M. le commandant LOSTE, officier de la Légion d'honneur, fait ensuite l'historique de la guerre de 1870, et s'exprime en ces termes :

MESSIEURS,

« Au nom de tous les combattants de 1870-71, je viens rendre un juste tribut d'hommage, en même temps qu'un témoignage de respectueux et bon souvenir, à nos braves compagnons d'armes qui reposent ici, ainsi qu'à ceux qui, tombés glorieusement au champ d'honneur, reposent sur une autre terre. J'ai dit braves, Messieurs, parce que nos regrettés amis méritaient ce titre. Plusieurs d'entre eux portaient, en effet, ou la croix de chevalier de la Légion d'honneur, ou la médaille militaire. Signes distinctifs qui témoignent hautement que les enfants de la région lyonnaise savent se tenir au premier rang lorsqu'ils marchent à l'ennemi.

« Il y a vingt et un ans bientôt que le gouvernement impérial, dans un moment de fol aveuglement, déclarait la guerre à la Prusse : il n'ignorait pas, cependant, que nous n'avions que 250.000 hommes à opposer à une armée dix fois supérieure en nombre, bien outillée et préparée à l'avance. De plus, un commandement unique nous manquait, et, d'autre part, un plan de campagne déplorable était adopté. Nos troupes furent disséminées imprudemment le long de la frontière, ne pouvant que très difficilement se prêter appui. Les résultats d'une pareille imprudence ne devaient pas tarder à paraître.

« A Wissembourg, malgré les efforts héroïques des officiers et soldats, la division Douai était écrasée. Deux jours après, le 6 août, journée néfaste, le général Frossard était vaincu à Forbach et battait en retraite se dirigeant sur Metz.

« Le même jour à Frœschwiller, le corps d'armée du maréchal Mac-Mahon, malgré la bravoure, le courage et la ténacité des troupes, subissait une défaite qui le forçait à battre en retraite précipitamment ; et malheureusement, dans ce mouvement, nos Vosges furent franchies sans même chercher à les défendre.

« Arrive ensuite Sédan, avec ses funestes et terribles conséquences.

« Enfin, notre principale forteresse, Metz la forte, Metz la pucelle était livrée à l'ennemi. Nous n'avons pas à rechercher ici à qui incombe la responsabilité des fautes commises, l'histoire impartiale nous l'apprendra plus tard ; mais il nous est permis de dire que, toujours et partout, l'armée fit son devoir, plus que son devoir.

« Après la reddition de Metz, le gouvernement de la Défense nationale, espérant pouvoir ramener la victoire sous ses drapeaux, fit appel à tous les enfants de la France. Le département du Rhône, dans un patriotique et magnifique élan, répondit en grande masse à cet appel. Ses mobiles, ses légions, ses francs-tireurs, partent pleins d'enthousiasme pour combattre l'envahisseur, montrant ainsi que chez eux l'amour de la Patrie était poussé jusqu'à l'abnégation de la mort, et s'ils n'ont pu vaincre comme ils le désiraient, du moins ils ont sauvé l'honneur.

« A Coulmiers, où plusieurs d'entre vous se trouvaient, des soldats improvisés infligeaient une défaite à une armée aguerrie, victorieuse depuis longtemps et sûre d'elle-même.

« A Nuits, ce sont encore des soldats improvisés, dont beaucoup d'entre eux, disons-le avec orgueil, étaient des

Lyonnais, qui tiennent en échec le même ennemi; et il eût suffi, ce jour là, de l'entrée en ligne de deux bataillons qui arrivèrent trop tard pour faire subir à cet ennemi une déroute complète.

« A Dijon, et autour de cette ville, nos vaillants francs-tireurs soutenaient brillamment et dignement la belle réputation déjà acquise par les enfants du Rhône.

« Pour Belfort, Messieurs, une seule parole suffit : c'est la plus belle page de notre guerre de 1870. En dire davantage serait donc superflu.

« Gloire à vous chers morts qui, dans un moment désespéré où quelques défaillances se présentaient, avez su montrer votre grandeur d'âme, votre générosité de sang, en un mot, les qualités viriles qui sont l'apanage des caractères bien trempés.

« Que votre conduite serve d'exemple à nos générations actuelles et futures et que votre souvenir reste à jamais gravé dans nos cœurs.

« Dormez tranquilles maintenant, car grâce aux efforts faits par le gouvernement de la République pour notre relèvement national, grâce à la vigoureuse impulsion donnée par lui à notre réorganisation militaire, la France, cette noble et grande blessée, s'est relevée, et son armée, fortement reconstituée aujourd'hui, nous permet d'envisager l'avenir sans crainte, sans peur.

« Le jour de nous venger arrivera, soyez-en sûrs. Nous serons prêts. Ce jour-là, amis qui reposez, réveillez-vous, soulevez-vous dans vos tombes, pour entendre le cri que nous pousserons, cri précurseur de la victoire : « Vive la « France! »

Enfin M. MEILLAN, capitaine de l'armée territoriale, chevalier de la Légion d'honneur, dit à son tour ces quelques paroles patriotiques :

« MESSIEURS,

« Que pourrais-je vous dire après les paroles si émouvantes, si patriotiques qui viennent d'être prononcées.

« Pourtant je ne saurais quitter ce champ de repos sans adresser un souvenir à nos vaillants frères d'armes morts pour la défense de la Patrie.

« Qui de nous ne se rappelle ces journées sanglantes, où trahis par la fortune, un contre dix, nous luttions en désespérés.

« Ah, si nos glorieux morts, en l'honneur desquels nous nous réunissons aujourd'hui, pouvaient m'entendre par delà la tombe, je leur dirais : « Patience, un jour viendra, et peut-être bientôt, où les Français, cœur contre cœur, la main dans la main, marcheront à l'assaut de l'Alsace et de la Lorraine. »

« Ce jour-là, mes amis, nous vous vengerons.

« En attendant, dormez en paix, nous ne vous oublierons jamais. »

Ces discours produisent une profonde impression : à plusieurs reprises des applaudissements retentissent, et de nombreux auditeurs pleurent et sanglottent comme en un jour de funérailles. Ce sont les parents et les amis de ceux à qui nous rendons un dernier hommage ; ce sont les veuves et les enfants de quelques-uns de nos compagnons d'armes, qui devraient se trouver au milieu de nous et que la mort, plus meurtrière pour eux que les balles prussiennes, a prématurément emportés.

A notre retour sur la place Mézel, une agréable et délicate surprise nous était réservée par les jeunes gens de Saint-Symphorien. L'un d'entre eux, M. Paul MAURY, ex-sous-officier et décoré de la médaille militaire pour sa belle conduite au Tonkin offre à M. le Président d'honneur un magnifique bouquet, cravaté d'une écharpe tricolore, sur laquelle se détache en lettres d'or l'inscription suivante :

LES COMBATTANTS DE DEMAIN A LEURS AINÉS

Souvenir de la Fête patriotique du 24 mai 1891

M. MAURY lui adresse en même temps les paroles suivantes :

MESSIEURS,

« Au nom de la jeunesse de Saint-Symphorien, je suis heureux et fier de vous offrir ce bouquet et vous exprimer en même temps les sentiments de patriotisme qui nous animent tous.

« Cette fête restera gravée dans notre mémoire et nos cœurs. Soyez persuadés que tous nous en conserverons un précieux souvenir.

« Combattants de demain, nous saurons nous inspirer de nos devoirs de soldat et nous rendre dignes de nos aînés ; si un jour le clairon d'alarme venait à nous appeler, nous nous efforcerions de porter haut et ferme le drapeau de la France. »

M. DE JERPHANION répond en ces termes :

MESSIEURS,

« Je vous remercie des sentiments que vous venez d'exprimer à vos anciens, dont je suis ici l'interprète. Ils savent que vous êtes animés du plus pur patriotisme, et qu'au moment du danger vous saurez tous faire votre devoir jusqu'au bout et sans défaillance.

« Que pourrais-je ajouter après les discours si patriotiques

que nous venons d'entendre au cimetière ? Vous pardonnerez
à l'émotion causée par les souvenirs évoqués.

« Je vous rappellerai seulement le vœu ardent si bien ex-
primé par le dernier orateur : c'est qu'un jour notre chère
France, aujourd'hui mutilée, recouvre l'intégrité de son ter-
ritoire, et que vous, combattants de demain, vous ayez l'honneur de concourir à la délivrance de nos frères d'Alsace-Lorraine.

« Vive la France ! .
« Vive l'Alsace-Lorraine ! »

M. DE JERPHANION engage ensuite ces messieurs à venir boire
avec nous à la prospérité de la France, au café Mauvernay, dont
la vaste salle peut à peine contenir la foule des combattants
altérés.

III

Mais il est près de deux heures ; la plupart d'entre nous
commencent à éprouver la justesse de cette phrase humoris-
tique entendue dans les casernes ! « Rien ne creuse comme
les émotions », et nous allons dîner à l'hôtel Villard. La salle
du banquet est magnifique ; les murs et le plafond sont
tapissés de verdure, de drapeaux, de souvenirs patriotiques et
de trophées d'armes ; les tables sont ornées de plantes rares et
de fleurs odorantes.

Le menu, qui fait honneur à l'organisateur du banquet, ne
laisse rien à désirer ; il est ainsi composé :

MENU

JAMBON D'YORK

VOLAILLE GROS SEL

FILET PÉRIGUEUX

SAUMON SAUCE HOLLANDAISE

POMMES DE TERRE NOUVELLES

GIGOT ROTI

ASPERGES

DESSERT

Bientôt les conversations s'engagent; elles ont trait pour la plupart aux mille péripéties militaires, heureuses ou malheureuses, dont chacun de nous a gardé la mémoire.

Vers le milieu du banquet commence la série des toasts. M. le Président BEAUJOLIN boit à Carnot, petit-fils de l'organisateur de la victoire et s'exprime ainsi :

MESSIEURS ET CHERS CAMARADES,

« Notre réunion est avant tout une fête militaire, une fête patriotique. Nous devons donc notre premier toast au chef de l'État.

« Je bois à la santé du petit-fils de celui que nos pères ont appelé : l'Organisateur de la victoire, à M. CARNOT, président de la République. » *(Nombreux applaudissements.)*

Après lui, M. DE JERPHANION, président d'honneur, se lève et s'adresse en ces termes à ses anciens compagnons d'armes :

MES CHERS CAMARADES,

« En prenant la parole dans cette réunion, je veux tout d'abord vous remercier d'avoir appelé l'ancien Lieutenant de la 7me Compagnie à l'honneur de présider cette fête fraternelle et patriotique. C'est pour moi un grand bonheur de retrouver réunis, après plus de vingt ans, la plupart de mes anciens compagnons d'armes, et d'évoquer un instant avec eux les souvenirs du passé.

« Vous êtes venus nombreux à cette fête et je vous en remercie. Beaucoup de nos camarades malheureusement manquent à l'appel; que de vides, hélas! se sont faits dans nos rangs depuis 1870! Je félicite les organisateurs de cette manifestation d'avoir commencé la journée en donnant avant tout une prière et un souvenir à ceux qui ne sont plus.

« Je dois aussi des remerciements à la municipalité de Saint-Symphorien et à l'excellente fanfare de notre ville, qui nous ont prêté l'une et l'autre un concours si empressé pour donner à cette fête tout l'éclat qu'elle mérite. Je suis certain d'être votre interprète à tous en adressant à M. CIVIER, adjoint et président de la fanfare, l'expression de notre sincère gratitude.

« Votre secrétaire a reçu les excuses de plusieurs de nos invités qui n'ont pu se joindre à nous (1); mais je tiens à vous donner connaissance d'une lettre du Colonel des Garets, qui commandait le 65me Régiment de marche auquel nous appartenions. Dans une fête militaire et patriotique, comme celle qui nous réunit aujourd'hui, la place de notre ancien chef de corps était tout indiquée à notre tête : des circonstances indépendantes de sa volonté l'ont empêché de répondre à l'appel de votre Lieutenant, et il a bien voulu m'en exprimer son regret en ces termes :

« Je suis vraiment désolé que les circonstances ne me per-
« mettent pas de me rendre à la réunion à laquelle vous avez
« eu (ce dont je vous remercie), l'aimable pensée de me con-
« voquer pour le 24 mai, à Saint-Symphorien.

(1) MM. le R. P. de Damas, aumônier du 65me; le commandant Brun, Chaix, sous-lieutenant ; Collard, sous-lieutenant ; Dulac, sous-officier ; Luc, sous-officier ; Fayolle, sous-officier, etc., etc.

« C'eut été pour moi un véritable plaisir d'avoir la bonne
« fortune de vous y rencontrer et de me retrouver à cette fête
« patriotique au milieu d'anciens compagnons d'armes qui
« n'ont pas oublié leur ancien chef...

« Dans ce bas monde, malheureusement, on n'agit pas tou-
« jours au gré de ses désirs, et quand le devoir vous appelle, il
« faut bien laisser le plaisir de côté.

« J'espère donc que vous me comprendrez et excuserez mon
« refus, lorsque vous saurez que, justement le 24 mai, je dois
« présider une réunion d'un tout autre genre, moins agréable
« sans doute, mais à laquelle je ne puis me dispenser d'assis-
« ter, sous peine de manquer à ma parole.

« Veuillez dire à vos anciens mobiles que je les remercie
« d'avoir pensé à moi, et leur exprimer tous mes regrets de
« ne pouvoir me rendre à leur invitation, et de manquer cette
« occasion de m'entretenir avec eux de souvenirs déjà vieux
« de vingt ans.

« *Signé :* A. DES GARETS. »

« J'estime, mes chers camarades, que nous devons, malgré
son absence, associer à notre fête patriotique notre ancien
Colonel, qui nous a toujours donné l'exemple du devoir accompli noblement, sans faiblesse comme sans ostentation. Le
bureau télégraphique étant fermé de bonne heure aujourd'hui,
j'ai pris sur moi de lui adresser en votre nom, avant de me
rendre à ce banquet, la dépêche suivante, que vous ne désa-
vouerez pas, je l'espère :

« Les anciens mobiles du 65e de marche, 1er bataillon,
« 7e compagnie, réunis à Saint-Symphorien au nombre de 150,
« pour célébrer vingtième anniversaire, défense Belfort, adres-
« sent à leur colonel l'expression de leur inaltérable et respec-
« tueux attachement. Pour la Compagnie, le lieutenant : JER-
« PHANION. » *(Applaudissements prolongés.)*

« Je vous remercie, mes amis. Vos applaudissements me

prouvent que j'ai bien interprété vos sentiments à l'égard de notre ancien chef qui, j'en suis certain, sera profondément touché du souvenir de ses soldats du 65ᵉ (1).

« Vous savez, mes chers camarades, que, lorsque deux ou trois vieux soldats se rencontrent après une longue absence, ils ont vite entamé le récit de leurs campagnes, et je suis sûr que depuis ce matin vos conversations ne roulent pas sur d'autres sujets.

« En vous voyant réunis près de deux cents autour de moi, tous les souvenirs de 1870 me reviennent à l'esprit : je ne puis résister à la tentation de les évoquer avec vous, en retraçant rapidement et à grands traits ce que j'appellerai : les étapes de la 7ᵐᵉ Compagnie en 1870-71.

« C'était au lendemain des premiers revers qui ont marqué le début de cette guerre malheureuse; je vous vois encore, comme si cela datait d'hier, arrivant par groupes au camp de Sathonay, pour endosser la vareuse du moblot et commencer l'apprentissage du noble métier des armes.

« Puis, vint le 4 septembre, qui fut le signal d'un désarroi général. Beaucoup de vos camarades du 1ᵉʳ Bataillon crurent que la proclamation de la République devait marquer la fin des hostilités, et ils rentrèrent dans leurs foyers sans demander leur feuille de route. Ce ne fut qu'un court voyage d'agrément, car peu après, sur l'ordre des Maires ou des Gendarmes, ils durent regagner le camp. Je dois cette justice à la 7ᵐᵉ Compagnie de reconnaître que, docile à la voix de ses officiers, elle resta à son poste comme l'aurait fait une vieille

---

(1) Deux jours après M. de Jerphanion recevait du Colonel des Garets ces quelques mots de remerciements.

« J'ai été extrêmement touché de l'aimable attention que vous, et les mobiles de « Saint-Symphorien, avez eue de me faire parvenir, au moment où vous étiez tous « réunis dans votre joyeux banquet patriotique un télégramme de bons souvenirs « . . . . Veuillez agréer pour vous et vos mobiles, lorsque vous en aurez « l'occasion, tous mes remerciements de gratitude pour leur charmant souvenir.

« A. DES GARETS. »

troupe, et qu'elle conserva pendant ces quelques jours de trouble l'effectif le plus nombreux.

« Le 13 septembre, le Général commandant en chef à Lyon recevait du Ministre de la guerre l'ordre de diriger sur Belfort les mobiles du Rhône. Bientôt la vapeur nous emportait tous vers la frontière, où vous vous rendiez en chantant et le sourire aux lèvres, insouciants du lendemain, comme on l'est à vingt ans; mais décidés avant tout à faire jusqu'au bout votre devoir de soldats.

« Je mentionnerai seulement notre première arrivée dans cette ville de Belfort, qui devra plus tard à la résistance de ses défenseurs de rester française; puis notre course rapide à Mulhouse, et nos campements dans les villages d'Alsace, Altkirch et Dannemarie. Vous vous formiez alors à la vie militaire; les reconnaissances, les grand'gardes alternaient avec les exercices journaliers, et le temps n'était pas perdu.

« Mais j'ai hâte de revenir avec vous à Belfort, où vous deviez subir avec une patience et un courage qui ne se sont pas démentis un seul instant ce siège de cent-trois jours, et ce bombardement non interrompu de deux mois et demi, dont nous célébrons aujourd'hui le glorieux anniversaire.

« Vous n'avez pas oublié cette reconnaissance du 3 novembre faite par la Compagnie au lendemain du combat de Roppe, où pour la première fois les mobiles du Rhône se mesurèrent avec l'ennemi. Du haut des collines qui avoisinent Belfort, nous pûmes voir l'armée allemande se dérouler dans la plaine, et entourer peu à peu la place d'une ceinture vivante, qui devait bientôt se transformer en ceinture de feu. A dater de ce jour, nous étions séparés du reste de la France, et le dernier train quittait la gare de Belfort.

« Vous vous souvenez aussi de notre campement au Mont pendant une froide semaine de novembre. Les abris en branchages établis à la hâte, ne pouvaient nous préserver ni de la neige, ni de la pluie; l'interdiction absolue de faire du feu rendait notre situation plus précaire encore. Aussi les nuits paraissaient longues, les journées ne l'étaient pas moins; vous cherchiez à tromper l'ennui et vos officiers vous surprenaient parfois faisant, malgré une consigne sévère, la chasse au prussien sur la lisière du bois.

« Quelques jours après notre retour du Mont, la Compagnie y était envoyée de nouveau pour y recevoir le baptême du feu. On vous vit supporter stoïquement et sans vous plaindre cette situation peu enviable d'une troupe placée entre deux feux, et qui recevait en même temps les balles de l'ennemi et les obus de la place. La Compagnie ne fut pas éprouvée cependant, mais le sergent Quinaut, de la 6me, y perdit un bras.

« Enfin le 2 décembre, commençait ce bombardement général, qui pendant soixante-treize jours devait faire tant de victimes. Les abris établis à la hâte pour la Compagnie avec le matériel du chemin de fer étaient insuffisants, et bientôt un de nos camarades, Étienne Bauron, succombait le premier à une cruelle blessure.

« La maison Schwob nous offrit un meilleur refuge; grâce à une protection vraiment providentielle, elle fut toujours épargnée par le feu de l'ennemi, bien qu'elle se trouvât directement sous la ligne de tir.

« Qui de vous a oublié ces nuits de garde dans les petits postes qui couvraient Belfort ?

« La ferme Georges, où nous passâmes la nuit de Noël. Si le bombardement y faisait relâche, vous aviez en revanche à supporter de longues factions dans la neige ; et plusieurs de vos camarades, parmi ceux dont on a rappelé les noms ce matin, y ont contracté des maladies mortelles.

« Et la ferme Klopstein, où vous aviez la garde d'une tranchée reliant les forts des Barres et de Bellevue, tranchée que les *Schrapnells* de l'ennemi balayaient sans interruption avec une préférence marquée.

« Et la ferme Sibre, battue continuellement par les projectiles allemands, et qui était criblée à jour comme un écumoir : la compagnie en était réduite à passer la nuit entière debout, soit au travail des tranchées, soit en faction, tellement l'abri de la maison présentait peu de sécurité.

« A Bellevue, les casemates étaient mieux installées, il est vrai ; on pouvait y goûter quelques instants d'un repos bien mérité après les longues factions sur les remparts et les corvées nécessaires pour réparer à la hâte les dégâts causés par l'ennemi aux poudrières et aux embrasures de nos batteries. Mais ce fort était, vous vous en souvenez, le principal objectif des batteries d'Esser et du Mont; aussi jamais le détachement ne revenait de Bellevue au complet, c'est là que furent blessés nos camarades Prat, Laval et tant d'autres.

« Pendant ce temps, dans la nuit du 7 au 8 janvier, la compagnie d'éclaireurs, qui comptait dans ses rangs plusieurs volontaires de la 7ᵉ, luttait avec un courage héroïque à Danjoutin contre des forces dix fois supérieures, et ne rendait ses armes qu'après un combat désespéré de douze à quinze heures qui avait coûté la vie au lieutenant Martin qui la commandait. Honneur à ces braves, dont quelques-uns sont ici : plus que nous, ils ont bien mérité de la patrie, puisqu'ils avaient choisi et demandé le poste le plus périlleux ! (*Applaudissements.*)

« Enfin, le 13 février au soir, retentissait le dernier coup de canon; et à ce sujet, il me revient un souvenir tout à la gloire de la 7ᵉ, je ne veux pas le passer sous silence.

« Le bombardement, vous vous en souvenez, avait redoublé d'intensité depuis l'amnistie, l'ennemi voulant lasser la patience de la population et de la garnison de Belfort. Une corvée composée de soldats pris dans toutes les compagnies avait été commandée pour travailler aux poudrières de Bellevue : la position n'était plus tenable et peu à peu les mobiles de la 7ᵉ se trouvèrent seuls au travail. Croyant que les ordres avaient été modifiés, et tentés un instant d'imiter leurs camarades, ils restèrent cependant à leur poste à la voix de leur capitaine ; peu après, le feu cessait de part et d'autre, et vous aviez ainsi l'honneur d'avoir essuyé le dernier coup de canon de cette terrible guerre.

« Vous n'avez pas oublié, mes chers camarades, notre retour dans nos foyers, les ovations reçues partout sur notre passage, les honneurs rendus aux défenseurs de Belfort par nos ennemis eux-mêmes, et surtout cette réception vraiment triomphale que nous fit la population lyonnaise. Nos cœurs, je m'en souviens, battaient bien fort alors, plus fort qu'au milieu des dangers en face de l'ennemi : c'était tout à la fois la joie du retour, la conscience du devoir accompli et le légitime orgueil de n'avoir connu ni la défaite ni la captivité. *(Vifs applaudissements.)*

Gardez avec soin tous ces souvenirs, mes amis, pour les transmettre à vos enfants qui, j'en suis certain, seront un jour dignes de leurs pères. Vous leur avez donné pendant toute cette campagne l'exemple du dévouement, de la discipline et de la plus sublime abnégation ; c'est un devoir pour moi, qui ai eu l'honneur de vous commander, de venir après vingt ans vous rendre publiquement témoignage ici, car c'est la vérité. *(Applaudissements.)*

« Vos fils n'auront qu'à marcher sur vos traces pour être à leur tour de bons serviteurs de la France. Sachez aussi leur inspirer de bonne heure l'amour de la Patrie, le culte du drapeau et ces mâles vertus qui rendent les hommes vraiment fort.

« Il faut que notre chère France, si cruellement meurtrie il y a vingt ans, trouve dans la génération qui nous succèdera sur les champs de bataille, des âmes généreuses et des caractères solidement trempés, car tout fait prévoir que la prochaine lutte sera plus terrible que celle à laquelle vous avez pris part. Espérons qu'avec l'aide de Dieu nos fils, plus heureux que nous, connaîtront alors ces joies et cette ivresse de la victoire, auxquelles l'armée française avait été habituée dans le cours de ses glorieuses annales, et qu'un jour ils verront encore, comme l'a dit le poète :

> . . . . flotter les trois couleurs altières
> De notre vieux drapeau sur nos vieilles frontières.

(Applaudissements prolongés.)

« Et maintenant, mes chers camarades, je lève avec bonheur mon verre à tous les enfants du canton de Saint-Symphorien qui ont contribué à la défense de la Patrie en 1870, soit dans les rangs de l'armée active, dans ceux de la mobile, dans les services auxiliaires, dont certains ne demandent pas moins de dévouement que le service actif ; votre sympathique président, M. le Dr Beaujolin, en sait bien quelque chose.

« Je bois plus spécialement à la 7ᵉ Compagnie, dont j'ai été heureux de partager pendant huit mois les joies et les peines, les fatigues et les dangers. Il en est résulté entre nous des liens de vraie fraternité, fondés sur l'estime réciproque, et qui ne cesseront qu'avec la vie.

« A la santé des anciens combattants du canton de Saint-Symphorien ! » *(Nombreux applaudissements.)*

M. CIVIER, adjoint, représentant M. le comte de NOBLET, maire de Saint-Symphorien, porte ensuite le toast suivant :

MESSIEURS,

« Il y a vingt ans, à l'appel de la patrie en danger, vous êtes accourus tous sous ces drapeaux pour la défendre, mais malheureusement tous vous n'êtes point revenus dans vos foyers ; quelques-uns frappés pendant le combat sont tombés pour dormir leur dernier sommeil.

« Aussi, Messieurs, me faisant l'interprète de mes concitoyens, permettez-moi de vous remercier d'être venus pour donner un souvenir et un regret à vos anciens compagnons d'armes, à ces nobles victimes du devoir.

« Aujourd'hui la France est redevenue forte et puissante, une nouvelle et nombreuse génération a grandi et s'est formée au dur métier des armes. Et si un jour, ce qu'à Dieu ne plaise, la Patrie était menacée, nos enfants sauraient bien la défendre.

« Je lève donc mon verre et je bois à la France » *(Applaudissements.)*

M. COULLARD-DESCOS, ancien sous-lieutenant de la 7ᵉ Compagnie; se lève à son tour et adresse en ces termes un dernier hommage au colonel DENFERT-ROCHEREAU et au capitaine THIERS.

MES CHERS CAMARADES,

« Ce n'est pas une santé que je vous propose de porter, mais c'est un souvenir que je vous demande de donner à deux hommes réunis aujourd'hui dans la tombe où notre pensée à nous, mobiles du Rhône, doit aller les chercher pour un anniversaire comme celui que nous célébrons aujourd'hui.

« Je veux parler du colonel Denfert-Rochereau, commandant supérieur de la place de Belfort et du capitaine du génie Edouard Thiers, commandant du fort de Bellevue.

« Ces deux officiers, vous le savez, furent l'âme de la défense, et c'est à leur énergie indomptable que Belfort a dû de rester français. Ce sont eux qui nous ont permis, à nous mobiles de la 7ᵉ, de rentrer dans nos foyers, après l'année terrible, la tête haute, le cœur fier, avec la conscience du devoir accompli.

« A la mémoire, mes camarades, du colonel Denfert-Rochereau, du capitaine Edouard Thiers. » *(Vifs applaudissements.)*

Après lui, M. le capitaine MEILLAN, s'exprime en ces termes :

Messieurs,

« Je lève mon verre à la santé de tous les vrais Français, à la santé de tous les patriotes devant lesquels une nation ne périt pas.

« Ayons toujours présente à la mémoire, l'image de la Patrie, et travaillons constamment non seulement dans l'espoir de conserver l'héritage des ancêtres, mais encore pour reconquérir nos belles provinces perdues.

« La France doit être, à nos yeux, une réalité vivante, et nous devons nous sentir prêts pour elle, à tous les sacrifices, même celui de la vie.

« Personnifions sans cesse cette noble race gauloise, toujours chevaleresque et dont l'esprit clair, comme sa langue et son génie est aussi limpide que la vérité.

« Dans tous les actes de notre existence, gardons un souvenir pour nos frères d'Alsace et de Lorraine et n'oublions jamais que nous appartenons à une nation ensoleillée, dont le rire sonore, allié au plus pur patriotisme, marchent de pair sur tous les champs de bataille.

« L'amour du pays, les sentiments du devoir et de l'honneur, doivent nous enflammer, comme autrefois ces vaillants dont les noms glorieux ont peuplé les annales de notre histoire.

« Braves et fidèles au drapeau, nous le serons comme eux.

« La France nous salue et nous aime.

« Travailleurs de toutes les classes aujourd'hui, soldats s'il le fallait demain, je bois à votre santé. » (Applaudissements.)

M. le commandant Loste, en quelques paroles émues, boit à sa ville natale et à ses concitoyens au milieu desquels il est heureux de se retrouver.

M. Joseph VILLARD remercie M. le Président d'honneur d'avoir bien voulu faire un long voyage pour se retrouver quelques instants seulement à la tête de ses anciens mobiles ; il s'exprime ainsi :

MESSIEURS ET CHERS CAMARADES,

« Je me fais ici l'interprète des mobiles du canton et de tous les défenseurs de Belfort pour vous dire l'intime satisfaction que nous éprouvons tous à voir au milieu de nous à l'occasion de cette fête commémorative, les chefs sympathiques qui, lors de cette triste époque de 1870, nous ont donné l'exemple de la bravoure et du dévouement.

« Vingt ans se sont écoulés depuis, mais de même que nous ne pouvons oublier le souvenir de ce siège mémorable de cent trois jours, de même le souvenir de leur admirable conduite d'alors est toujours présent à notre esprit, et nous nous félicitons aujourd'hui encore de les avoir eus à notre tête.

« Je nommerai M. Frank de Jerphanion, notre cher lieutenant, qui a bien voulu tout quitter pour venir présider cette manifestation patriotique, et qui, vaillamment à notre tête en 1870, est encore aujourd'hui toujours le premier quand il s'agit de soutenir les intérêts du pays.

« M. Descos, notre dévoué sous-lieutenant, dont le zèle fut au-dessus de tout éloge, et qui n'a pas oublié ses anciens compagnons d'armes et sa ville natale.

« Je n'oublierai pas non plus tous nos anciens sous-officiers qui se sont fait excuser, et dont la présence ici aurait contribué à rendre cette fête plus complète et plus fraternelle.

« Permettez-moi donc de boire à la santé de tous ces vaillants chefs de la 7e compagnie du 1er bataillon du 65e régimen t de marche. » *(Vifs applaudissements.)*

Enfin, M. Anier remercie en ces termes tous les invités, qui ont concouru par leur présence à rehausser l'éclat de cette fête :

MESSIEURS ET CHERS CAMARADES,

« Pour remercier tous ceux qui ont bien voulu accepter notre invitation, je vous demande de porter un toast :

« A M. CIVIER, adjoint, qui, en l'absence de M. le comte DE NOBLET, maire de notre ville, empêché par des deuils récents, a bien voulu accorder à notre fête le haut patronage de la municipalité et son concours personnel le plus empressé et le plus généreux ;

« A M. FAYOLLE, notaire honoraire, conseiller d'arrondissement, qui mérite bien d'être à l'honneur, puisqu'il est toujours à la peine dans toutes les affaires difficiles qui intéressent notre ville et le canton ;

« A M. PAULUS, que nous sommes heureux d'avoir au milieu de nous pour montrer qu'il y a des juges ailleurs qu'à Berlin ; et pour représenter dans cette solennité la justice immanente dont parlait naguère un éloquent tribun ;

« A M. le commandant LOSTE, dont vous connaissez tous la valeur intrépide, et dont vous avez entendu ce matin les paroles patriotiques ;

« A M. le capitaine MEILLAN, à MM. les officiers LAROUX, BERLIER, CLÉMENT, PALLUEL ;

« A M. JABOUILLE, maréchal des logis de gendarmerie ;

« A MM. BILLARD, vice-président, et JUILLET, directeur de la fanfare ;

« A M. MICHALON, lieutenant de la subdivision des Sapeurs-Pompiers ;

« En un mot, Messieurs, à tous nos invités, à tous ceux qui ont bien voulu rehausser par leur présence l'éclat de cette fête entièrement consacrée à des regrets, à des souvenirs et à des espérances patriotiques. » *(Applaudissements prolongés.)*

IV

Le banquet terminé, les convives se rendent chez M. Véricel, où le café est servi dans deux vastes pièces, dont les murs sont ornés de drapeaux tricolores et d'inscriptions rappelant les principales batailles de la guerre de 1870. A ce moment, M. Anier lit ces quelques strophes improvisées pour la circonstance, et qui soulèvent d'unanimes applaudissements :

Que d'autres bruyamment célèbrent leurs conquêtes !
Nous, qui portons encore le deuil de nos malheurs,
Nous venons, recueillis, en ces modestes fêtes,
Évoquer un passé, témoin de nos défaites,
  Pour le mieux graver en nos cœurs.

Rappelez-vous, amis, les angoisses amères
De la terrible année, et ses dures leçons.
Voyez : c'est l'Allemand violant nos frontières,
Surprenant, décimant, emmenant prisonnières
  Nos plus vaillantes légions.

C'est Sédan qui capitule et l'Empire qui tombe,
C'est Metz, Paris, Belfort, qu'enserre le vainqueur.
Soldats improvisés, pendant cet hiver sombre,
Souffrant le froid, la faim, écrasés sous le nombre,
  Nous luttions pour sauver l'honneur.

Pendant que nos parents, émus jusqu'aux entrailles
Pour leurs fils en danger, pour la patrie en deuil,
Ecoutaient anxieux le canon des batailles
Comme une mère entend avant les funérailles,
  Le marteau qui clot le cercueil !

Oui, nous nous souvenons ; mais vingt ans de silence
Et de recueillement nous donnent bien le droit
De fêter de Belfort l'héroïque défense,
Et de porter bien haut le drapeau de la France,
    Sans bravade, mais sans effroi !

Nous voulons avant tout apporter à nos frères,
Qui dorment loin de nous en des lieux ignorés,
Un pieux souvenir, ces fleurs et les prières
Que le prêtre redit, comme oraisons dernières,
    Pour ceux qui déjà sont pleurés.

Nous voulons sur leur tombe oublier nos querelles
Pour être prêts et forts à l'heure du danger,
Pour qu'autour du drapeau, gardes toujours fidèles,
Nous soyons tous rangés lorsque nos sentinelles
    Crîront : A nous, c'est l'étranger !

Nous venons aujourd'hui, comme autrefois nos pères,
Qui, pour mieux écouter la voix de leurs aïeux,
Allaient délibérer dans les ombreux mystères
De leurs vierges forêts, près de rocs tumulaires
    Où gisaient leurs guerriers fameux.

Nous venons dans ce champ, commune sépulture,
Où près de nos parents nous descendrons un jour,
En face de ce Christ qui punit le parjure,
O France, te jurer de guérir la blessure
    Faite à ton maternel amour !

Nous saluons les fils dont tu pleures l'absence,
Puissions-nous les revoir avant que de mourir !
Puissent nos fiers accents, franchissant la distance,
Porter aux annexés l'immortelle espérance
    Et l'affectueux souvenir !

M. Paulus, juge de paix à Saint-Symphorien, prend ensuite la parole et boit à l'union patriotique de tous les partis dans l'amour de la France.

Après lui, M. Berlier adresse quelques mots de remerciements aux organisateurs de la réunion et plus particulièrement à M. le Dr BEAUJOLIN.

Enfin M. Coullard-Descos, prévenu que des représentants de la Presse lyonnaise, reporters ou correspondants, avaient assisté à notre réunion, se lève à son tour et porte le toast suivant à la Presse :

MES CAMARADES,

« Dans la longue série de toasts que vous venez d'entendre, nous en avons omis un qui est cependant de tradition dans toutes les fêtes. C'est le toast à la Presse dont divers représentants sont ici, correspondants ou reporters.

« Buvons donc, camarades, à la Presse, à la Presse de toutes nuances, sans acception de parti. Car dans une réunion militaire et patriotique comme la nôtre il n'y a pas de parti, il n'y a que des patriotes, il n'y a que des Français, comme nous n'avons qu'un seul drapeau, le drapeau tricolore, sous les plis duquel nous avons combattu à Belfort.

« A la Presse, mes camarades, buvons à la Presse ! »

M. Merle, reporter du *Nouvelliste*, de Lyon, répond en quelques mots à M. Coullard-Descos; puis, avec beaucoup d'à propos, rappelant les dernières paroles qui viennent d'être prononcées, il offre de nous faire entendre une poésie qui est bien de circonstance en ce jour : *Le Drapeau*.

Nous applaudissons tous cette admirable page de Coppée, interprétée par M. Merle avec beaucoup d'âme et de sentiment. On ne pouvait mieux terminer la série des toasts et des discours.

En quittant la maison de M. Véricel, nous nous rendons en corps chez M. CHANAVA, où des rafraîchissements sont servis, pendant que la fanfare exécute brillamment les meilleurs morceaux de son répertoire.

Mais déjà le jour baisse ; les rangs se reforment pour reporter à la mairie le drapeau de la ville au son de l'hymne national.

Bientôt la nuit arrive ; la place s'illumine de mille feux ; c'est la retraite aux flambeaux admirablement organisée par les soins de MM. Claude MAUVERNAY et CHANAVA. Ce ne sont plus seulement les deux cents invités qui défilent au pas rythmé par une marche entraînante : *La Retraite de Crimée*. Attirés, entraînés par le patriotisme qui déborde de cette fête, des jeunes gens, des vieillards se joignent à nous en grand nombre. La colonne est tellement longue que les derniers rangs, n'entendant plus la musique, entonnent la *Marseillaise* et le *Chant du Départ*. Au recueillement grave et solennel de la cérémonie funèbre du matin ont succédé une joie, un enthousiasme indescriptibles, que seuls peuvent donner la conscience de nos forces régénérées, la confiance dans l'avenir et surtout le désir d'affirmer hautement nos patriotiques revendications.

Ont pris part au Banquet

MM.

DE JERPHANION, *Président d'honneur*.

Docteur BEAUJOLIN, *Président*.

COULLARD-DESCOS, *Vice-président*.

ANIER, *Vice-président*.

GRANGE, PIERRE, *Secrétaire*.

VILLARD, JOSEPH, —

MAUVERNAY, CLAUDE, *Trésorier*.

CHANAVAT, JEAN, *Trésorier*.

VÉRICEL, JEAN, *Membre du Comité*.

BADOIL, FRANÇOIS. —

GRANGE, BENOÎT, —

CIVIER, *Adjoint*.

FAYOLLE, conseiller d'arrondissement.

MM.

PAULUS, juge de paix.

LOSTE, commandant.

MEILLAN, capitaine.

LAROUX, —

BERLIER, —

CLÉMENT, —

PALLUEL, lieutenant.

JABOUILLE, maréchal des logis de gendarmerie.

BILLARD, vice-président de la fanfare.

JUILLET, directeur de la fanfare.

MICHALON, lieutenant des sapeurs-pompiers.

MERLE, reporter du *Nouvelliste*.

OGIER, notaire.

MM.

BADOZE.

BAILLY, JEAN-MARIE.

BAURON (Sainte-Foy).

BAZIN, JEAN-FRANÇOIS.

BELON.

BERNE.

BERTRAND, CLAUDE.

BESSON, JEAN-BAPTISTE.

BESSON.

BESSON, ANTOINE.

BESSON, PIERRE (Duerne).

BESSON, PIERRE (Aveize).

BESSON, JEAN.

BISSARDON, CLAUDE.

MM.

BISSARDON (Chevrières).

BLANCHARD, FRANÇOIS.

BLANCHARD, VINCENT.

BOINE, JEAN-MARIE.

BONNARD.

BONNIER, ANTOINE.

BOREL, JACQUES.

BORRON.

BOUCHUT.

BOUTEILLE.

BOUTEILLE, JEAN-MARIE.

BOUTEILLE, JEAN-ÉTIENNE.

BOUTEILLE, JEAN-MARIE.

BRONE, JEAN-MARIE.

MM.

BRUNET, Antoine.
BRUYAS, Jean.
BRUYAS, Jean-Claude.
BRUYÈRE, Antoine.
BRUYÈRE, Jean-Marie.
BRUYÈRE, Pierre.
BUERT, Claude.

CARRET.
CARRET, Louis.
CHANAVAT, Benoît.
CHAPELIN.
CHARDON, Étienne.
CHENEVIÈRE.
CORAUD, Joseph.
COTE, Jean-Marie.
COURBIÈRE, Jean-Pierre.
COURBIÈRE, François.
COUTURIER, Ennemond.
CROZIER, Pierre.

DARGAUD.
DECRÉTIEUX.
DÉCULTIEUX.
DELAREMANICHÈRE.
DELORME.
DEMONTRON.
DIDIER.
DUBANCHET, Claude.
DUBANCHET, Pierre.
DUBANCHET, Louis.
DUBANCHET, Henri.
DUMORTIER, Pierre.
DUMORTIER, Jean-Claude.
DUPRÉ.

EYMAIN, Denis.

FAYOLLE.
FAYOLLE, Pierre.

MM.

FEUCHT.
FILLON.
FLÉCHET, Félix.
FOURNEL.
FOURNEL, Pierre.
FOURNEL.

GANDIN, Gabriel.
GANDIN, Claude.
GARBIT Étienne.
GEAY Joseph.
GEAY Pascal.
GOUTAGNY, Jean-Claude.
GRANGE, Jean-Marie.
GRANGE, Claude.
GRANGE, Jean-Claude.
GRÉGOIRE.
GROS.
GUILLET.
GUYOT, Pierre-Marie.
GUYOT, Jean-Claude.

IMBERT, Jean-Marie.
IMBERT, Antoine.
IMBERT, fils.

JOLY, Pierre.
JUILLIN.
JULLIEN, Pierre.

LABAUME.
LACHAUD, Jean-Marie.
LACROIX, Mathieu.
LACROIX.
LACROIX, Claude.
LAMURE, Étienne.
LÉTRAT.
LORNAGE, Claude.

MARTINIÈRE Guillaume.
MEYRIEUX, A.

MM.

MOLIN, Jean-Marie.
MORELLOT (Sainte-Foy).
MORETON, Jean-Claude.
MORETON, Jean.
MORETON, Pierre.
MURE, Georges.

PADDE.
PALANDRE, François.
PERRET.
PERRET, Jean-Marie.
PEYRACHON, Louis.
PHILIS.
PIÉGAY, Claude.
PLEUVY.
POIZAT.
POMÉON, Antoine.
POMÉON, Antonin.
POMÉON, Jean.
PONCET, Jean-Antoine.
POYARD, Etienne.
PUPIER, Gabriel.
PUPIER, Jean-Marie (Saint-Martin).
PUPIER, Jean-Marie (Larajasse).

REYNARD, Antoine.
RIVOIRE.
RIVOIRE, Antoine.
RIVOIRE, Jean.
RIVOIRE Etienne.

MM.

RIVOLLIER, Antoine.
RIZOUX.
RONZON, Étienne.
ROUSSET, Barthélemy.

SARRAZIN-PONCET.
SÉON.
SÉON-POCALIÈRE.
SÉON, Jean-Marie.
SOULIER.

THÉVENON.
THIZY, Jean-Marie.
THOLLET, Jean-Claude
THOLLY.

VENET, Antoine.
VENET, Jean-Marie
VÉRICEL.
VÉRICEL, Pétrus.
VÉRICEL, Pierre.
VERNAY, Jean-Baptiste.
VERNAY, Pierre-Marie.
VIALLATTE, Jean-Pierre.
VILLARD, Jean-Pierre.
VILLARD, Jean.
VILLARD, Simon.
VILLE, Pierre (Francheville).
VINCENT, Jean-Claude.
VOYANT.

Lyon. — Imp. Pitrat aîné, A. Rey succ', 4, rue Gentil. — 4537